박시백의 조선왕조실록

2

태조·정종실록

일러두기

2024 어진 에디션은 정사 《조선왕조실록》을 바탕으로 한 이 책의 특징을 드러내고자
어진과 공신화에서 모티브를 얻어 박시백 화백이 새롭게 표지화를 그렸다. (표지화 인물: 정도전)

박시백의
조선왕조실록

The Veritable Records of
the Joseon Dynasty

2

The Veritable Records of
King Taejo and Jeongjong

태조·정종실록

Humanist

머리말

외환위기가 한창이던 때였다. 어쩌다가 사극을 재미있게 보게 되었는데 역사와 관련한 지식이 너무도 부족한 자신을 발견하게 되었다. 그도 그럴 것이 젊은 날에 본 역사서는 근현대사가 대부분이었고, 조선사에 대한 지식이라고는 중·고교 시절에 학교에서 배운 단편적인 것들이 거의 전부였다. 당시 나는 신문사에서 시사만화를 그리고 있었다. 다행히 신문사에는 조그만 도서실이 있었는데, 틈틈이 그곳에서 난생처음 조선사에 대한 여러 책을 접할 수 있었다.

조선사, 특히 정치사는 흥미진진했다. 거기에는 우리에게 익숙한 수많은 역사적 인물의 신념과 투쟁, 실패와 성공의 이야기가 있었고, 《삼국지》나 《초한지》 등에서 만나는 극적인 드라마와 무릎을 치게 하는 탁월한 처세가 있었다. 만화로 그리면 재미있겠다는 생각이 들었다. 몇 권 더 구해 읽다 보니 한 가지 궁금증이 생겼다. 어디까지가 정사에 기록된 것이고 어느 부분이 야사에 소개된 이야기인지가 모호했다. 이 대목에서 결심이 섰던 것 같다. 조선 정치사를 만화로 그리자, 그것도 철저히 《실록》에 기록된 정사를 바탕으로 그리자.

곧이어 다니던 신문사를 그만두고 《국역 조선왕조실록 CD-ROM》을 구입했다. 돌이켜보면 참 무모한 결심이었다. 특정한 출판사와 계약한 것도 아니고, 《실록》의 한 쪽도 직접 본 적 없는 상태에서 작업에 전념한다는 미명 아래 회사부터 그만두었으니. 내 구상만 듣고 아무 대책 없는 결정에 동의해준 아내에게도 뭔가가 씌웠던 모양이다. 궁궐을 찾아 사진을 찍고 화보자료를 찾아 헌책방을 기웃거렸다. 1권에 해당하는 부분을 공부한 뒤 콘티를 짜기 시작했다. 동네를 산책하면서도 머릿속에서는 항상 그 시대의 인물들이 이야기를 주고받고 다투곤 했다. 어쩌다 어떤 인물의 행동이 새롭게 이해되기라도 하면 뛸 듯이 기뻤다.

마침내 펜션을 입히면서 수십 장이 쌓인 뒤 처음부터 읽어보면 이게 아닌데 싶어 폐기하기를 서너 번, 그러다 보니 어느새 1년이 후딱 지나가버렸다. 아무런 결과물도 없이 1년이 흘렀다고 생각하니 슬슬 걱정이 차오르기 시작했다. 이러다간 안 되겠다 싶어 100여 장의 견본을 만들어 무작정 출판사를 찾아가기로 했다. 그렇게 견본을 만든 후 몇 군데에서의 퇴짜는 각오하고 출판사를 찾아가려던 차에 동료 시사만화가의 소개로 휴머니스트를 만나게 되었고, 덕분에 다른 출판사들을 찾아가지는 않아도 되었다.

이 만화를 그리며 염두에 둔 나름의 원칙이 있다면 이랬다.
첫째, 정치사를 위주로 하면서 주요 사건과 해당 사건에 관련된 핵심 인물들의 생각과 처신을 중심으로 그린다.
둘째, 《실록》의 기록을 바탕으로 하면서 학계의 최근 연구 성과를 적극 고려하고 필자 스스로도 적극적으로 해석에 개입한다.
셋째, 성인 독자들을 주된 대상으로 삼되, 청소년들과 역사에 관심이 남다른 어린이들이 보아도 무방하게 그린다.

흔쾌히 출판을 결정해준 휴머니스트 김학원 대표와 책이 나오는 데 애써준 휴머니스트 식구들에게 감사드린다. 그리고 언제나 곁에서 응원해주고 적절히 비판해주는 아내와 사랑하는 두 딸! 고맙다.

2003년 6월

세계기록유산은 모두의 것이며,
모두를 위해 온전히 보존되고 보호되어야 하며,
문화적 관습과 실용성을 충분히 인식하여
모든 사람이 장애 없이 영구적으로 접근할 수 있어야 합니다.

The world's documentary heritage belongs to all,
should be fully preserved and protected for all and,
with due recognition of cultural mores and practicalities,
should be permanently accessible to all without hindrance.

—〈유네스코 '세계의 기억' 프로그램의 목표〉 중에서

대한민국 국보 제151호
유네스코 세계기록유산
조선왕조실록

진실성과 신빙성을 갖추고
25대 군주, 472년간의 역사를 6,400만 자에 담은
세계에서 가장 장구하고 방대한 세계기록유산.
세계인이 기억해야 할 위대한 유산
《조선왕조실록》의 세계로 초대합니다.

차례

머리말 4
등장인물 소개 10

제1장 개국과 역성의 세월

고려에서 조선으로 14
절개를 지킨 사람들 22
공을 세운 사람들 33
비극의 씨앗, 세자 책봉 39
왕씨들의 비극 51

제2장 새 술은 새 부대에

태조의 리더십 68
한양으로 도읍을 옮기다 78
정도전이 꿈꾼 나라 91
이방원과 하륜의 결합 96

제3장 제3의 변수, 홍무제

명나라의 압박 110
표전문 정국 121
다시 요동으로 129
태조와 정도전의 우정 141

제4장 왕자의 난

위기는 기회　148

기록과 진실　152

길고 긴 하룻밤　164

제5장 임시 군주 정종

무욕의 처세　176

실권자 이방원　180

2차 왕자의 난　184

방원, 드디어 왕이 되다　195

작가 후기　204

《태조·정종실록》연표　206

조선과 세계　209

The Veritable Records of the Joseon Dynasty　210

Summary: The Veritable Records of King Taejo and Jeongjong　211

세계기록유산,《조선왕조실록》　212

도움을 받은 책들　213

등장인물 소개

태조 이성계
조선의 창업자로서 초대 임금, 아들의 반란으로 권력을 잃는다.

정도전
조선 건국의 주역. 요동정벌을 준비하다 이방원에게 죽임을 당한다.

이방원
태조의 5남. 1·2차 왕자의 난을 통해 집권에 성공한다. 태종.

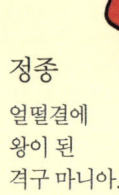

정종
얼떨결에 왕이 된 격구 마니아.

신덕왕후 강씨
자신이 낳은 아들을 세자로 만드는 데 성공하지만 비극을 부르고 만다.

세자 이방석과 그의 형 이방번
모두 왕자의 난 때 살해된다.

홍무제
명의 초대 황제. 조선 정국을 뒤흔들어놓는다.

남은
왕자의 난 때 살해된다.

하륜
이방원의 핵심 참모로 왕자의 난을 기획했다.

이방간
태조의 4남으로 2차 왕자의 난을 일으켰다가 패하여 지방으로 추방된다.

이숭인　원천석　길재　변중량　　이무　박위

대유학자
권근

왕자의 난 주요 공신들

이숙번　이저　이거이　조영무　민무구　민무질

이방원의
부인
민씨

강화대교
옛 강화나루가 있던 자리에 들어선 강화대교.
야사에 따르면 고려왕조를 이끌었던 왕씨들이 이곳 강화 앞바다에 수장되었다고 한다.

제1장

개국과
역성의 세월

고려에서 조선으로

제1장 개국과 역성의 세월

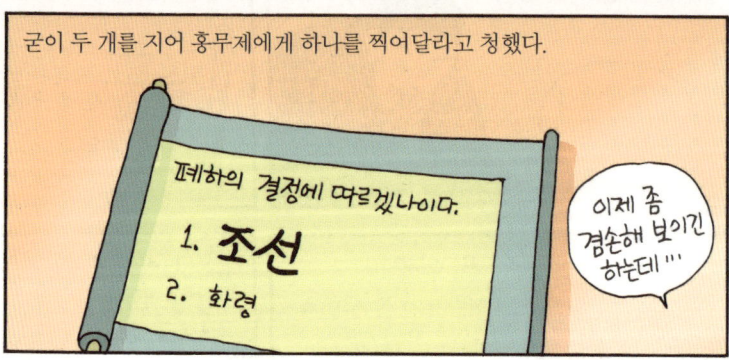

절개를 지킨 사람들

앞서 이런 일이 있었다.
정도전, 남은, 조준 등이 청하기를,

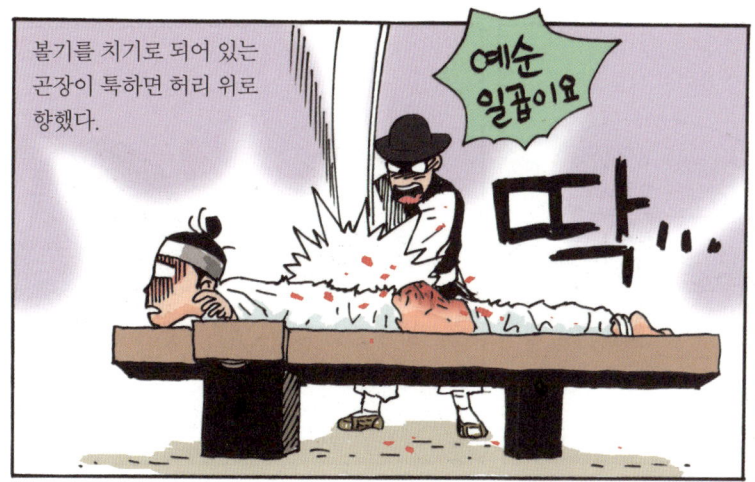

비슷한 색깔의 시조 또 한 수.
운곡 원천석의 시조다.

원천석은 고려가 멸망할 기색이 보이자 치악산에 들어가 은둔했다.

한때 그에게 배운 바 있던 태종 이방원이 벼슬을 주려고 여러 차례 불렀으나 나오지 않았고,

직접 찾아갔어도 자리를 피하고는 만나지 않았다 한다.

고려 말의 정치적 격변을 기록한 책 6권을 남겼는데 지금은 전하지 않는다.

다음은 그의 책이 사라진 이유를 설명해주는 야사의 기록이다.

신규, 조의생, 임선미, 서중보 등 수십 명은 벼슬을 버리고 개경 북쪽 두문동이라는 골짜기에 들어가 은둔했다.

제1장 개국과 역성의 세월 31

이렇게 적지 않은 고려의 유신들이 고난을 마다 않고
전 왕조에 대한 절개를 지키며 살았다.

공을 세운 사람들

배 대감, 김 대감이야 옥새 들고 찾아간 일 말고 무슨 공이 있다고?

내 말이 그 말일세.

맞는 얘기야, 배극렴, 김사형은 마지막 순간까지 어느 편에도 분명하게 끼지 않았던 중간파 그룹의 원로들이지. 그들을 1등공신에 책봉한 것은,

새 나라가 나의 측근들만의 나라가 아님을 보여 주어 중간파들의 협조를 이끌어내려 함이지.

고도의 정치적 고려가 개입된 선정이었던 것.

다음은 개국공신들에게 주어진 포상이다.

1등공신	토지 150~220결 노비 15~30명
2등	토지 100결 노비 10명
3등	토지 70결 노비 7명

한편, 당시 왕자들에게 주어진 건 과전 100결이다.

과전이란 해당 토지에 대한 수조권, 즉 나라 대신 세금을 거두어 쓸 권리인데 세금은 수확의 10%지.

태조의 아들들, 바로 왕자들이었다.

태조에게는 본래 부인이 둘 있었다.

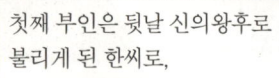
첫째 부인은 뒷날 신의왕후로 불리게 된 한씨로,

동북면의 세력가인 한경의 딸이다.

열다섯에 태조와 결혼해

6남 2녀를 낳았다.

첫째 이방우 (진안군)
둘째 이방과 (영안군, 정종)
셋째 이방의 (익안군)
넷째 이방간 (회안군)
다섯째 이방원 (정안군, 태종)
장녀 경신공주
차녀 경선공주

※ 여섯째는 어려서 죽었다.

왕자들을 분노로 이끈 건
공신 책봉 문제만이 아니었다.

비극의 씨앗, 세자 책봉

태조의 두 번째 부인은 권문세족 강윤성의 딸로, 개국과 함께 현비에 봉해진 신덕왕후 강씨다.

태조보다 21세나 연하인 그녀, 현비! 신흥 실력자로 떠오른 태조와 결혼해

2남 1녀를 낳았다.

방번(무안군) 방석 경순공주

권문세족인 현비의 친정으로부터 태조가 많은 도움을 받았으리라는 해석이 있지만

으리...

그녀의 오빠들이나 친인척 중 개국공신에 포함된 이가 한 사람도 없는 걸로 보아 무리한 해석이라 여겨진다.

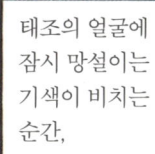

왕씨들의 비극

이듬해인 1394년 1월, 작은 사건 하나가 불거지는데,

이 작은 사건이 어마어마한 참극을 불러오게 된다.

시작부터 마무리까지 수상하기 짝이 없는 사건 속으로 들어가 보자.

이 사람은 문하부 참찬 박위.

밀양 사람으로 대마도를 정벌하는 등 왜구를 치는 데 공이 컸다.

위화도회군 때 태조를 따랐으며

공양왕을 세운 흥국사 공신의 한 사람이기도 하다.

이후 정몽주 편에 서서 이성계와 대립하기도 했으나,

54 박시백의 조선왕조실록 02

조직적인 분위기 조성 작업이 있고 나서

투표가 시작되었다.

그냥 섬으로 보내 살게 하자고 제거 반대 의견을 낸 쪽은 전의감, 서운관, 요물고 등에 소속된 하급관리들뿐이었다.

반면 고려에서도 잘나갔고 지금도 고위직에 있는 벼슬아치들은 모두 왕씨 제거에 표를 던졌다.

* 전의감: 의료 행정과 의학 교육을 담당하던 부서.
* 서운관: 천체, 지리, 역 등을 관장하던 부서.
* 요물고: 궁중 음식을 관리하던 부서.

그가 시작한 일로 인해

관련자들이 모두 참수되고

이제 애꿎은 왕씨들이 모두 몰살당하게 되었는데

정작 주모자는 용서받아 관직에도 돌아오는 이 불합리한 상황을 어찌 이해해야 할까?

이 일련의 과정을 초조하게 지켜보았을 왕씨들은 이렇다 할 저항 한번 못 해본 채

강화나루에, 거제 바다에 던져졌다.

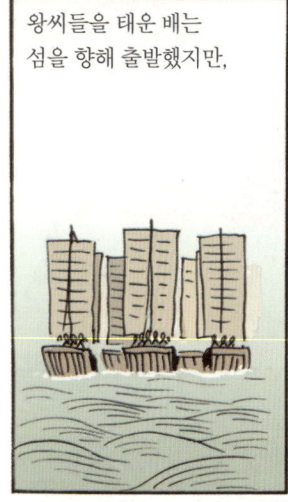

종묘
조선시대 왕과 왕비의 신주를 모신 왕가의 사당.
종묘는 사직단과 더불어 조선왕조의 기틀과 근원을 상징한다.

제2장

새 술은
새 부대에

태조의 리더십

태조는 전투에 앞서 자신의 주특기인 활 솜씨를 이용해 이런 식으로 군사들의 사기를 끌어올리곤 했다.

부하들에게는 관대하여 자발적 충성을 이끌어냈고

전투에 임하면 직접 선두에 서서 싸우며 지휘했다.

이렇듯 장수로서의 리더십은 카리스마 그 자체였다.

그렇다면 정치지도자로서의 리더십은 어땠을까? 《실록》은 기본적으로 태조를 겸손하고 후덕한 정치가로 그리고 있다.

그런데 가끔 어리바리하고 우유부단한 인상도 풍긴다. 어찌 이런 일이?!

태조는 창업 군주! 웬만한 흠은 덮고 미화하는 방향으로 나감 직한데 은근히 깎아내린다?

능력과 충성심이 확인되면 과감하게 일을 맡겼고,

한번 믿으면 좀처럼 의심을 품지 않았다.

당연히 신임을 얻은 신하들은
책임지고 거침없이 일해나갈 수 있었고,
때로는 임금보다 신하가
더 부각돼 보이기도 했다.

현비를 비롯한 궁중의 여인들이 절에 드나드는 걸 막지 않았을 뿐 아니라,

직접 각종 불교 행사에 참관하거나

궐 내에서 법회를 열기도 했다.

심지어 오랜 친구인 무학대사(자초)를 고려식으로 왕사(王師)에 임명하기도 했지만 누구도 그런 태조를 말리지 못했다.

잘 가르쳐주십시오.

쯧… 유교나라에서 중을 왕사로 삼다니…

이렇듯 군왕으로서 태조는 누구에게 휘둘리지도 우유부단하지도 않았다.

그의 뚝심과 강력한 추진력이 빚어낸 것이 바로 한양 천도였다.

한양으로 도읍을 옮기다

개국 초부터 마음속으로 다짐한 일이었다.

개경은 왕씨의 도읍!

고려의 녹을 먹고 왕씨의 은혜를 입은 자들이 가득한 땅이다.

도읍을 옮기자!

먼저 계룡산이 새 도읍지 후보로 떠올랐다.

그렇게 좋은가? 직접 가서 보겠다.

태조는 남은, 이지란, 무학대사 등을 데리고 길을 떠났다.

계룡산에 이르러 산수와 형세를 관찰하고

신하들이 그려 바친 새 도읍 설계도를 검토한 다음,
좋군.

도읍 건설을 명했다.
설계도대로 공사를 시작하라.
예, 전하!

공사는 착착 진행되었다. 터를 다지고 구획을 정리하고

몇몇 전각은 벌써 뼈대가 세워지기 시작했다.

그런데 이상하리만큼 조정에서는 새 도읍 건설을 둘러싸고 별다른 논의가 일지 않았다.
……

공사를 시작한 지 1년이 채 못 되어 종묘와 궁궐이 완성되었다.
태조의 뚝심이 이룬 성과였다.

정도전이 꿈꾼 나라

이후 여러 전각의 이름을 지어 올렸는데 강녕전, 연생전, 경성전, 사정전, 근정전, 융문루, 융무루 등이다.

생각하고 또 생각하시라. 사정전!

부지런해야 다스려지는 법, 근정전!

개국의 주역 정도전은 종종 이런 말을 했다고 한다.

한나라를 세운 건 유방이 아니라 장자방이야! 그리고…

나는 조선의 장자방!

나라를 세운 건 태조가 아니라 자신이라는 오만에 가까운 자신감이다.

장자방, 즉 장량은 진시황에게 멸망한 한나라의 재상가 출신으로, 그의 목표는 오직 하나.

타도! 진나라!

목표를 위해 유방을 활용한다. 그를 도와 한나라를 세운 뒤 진나라를 멸망시켰고,

종국에는 항우의 초나라를 무너뜨려 한나라가 천하의 주인이 되도록 만들었다. 그러나

초나라 항우

그러나 조선의 장량임을 자처했던 정도전은 물러나기는커녕 새 왕조의 건국사업 전면에 나섰다.

이방원과 하륜의 결합

이들은 오래전부터 태조와 함께 전장을 누빈 동북면 출신 무장들이다.

한마디로 말해서

주상 전하와 생사를 함께해온 전우들이다, 이 말씀이야.

조영무, 말단 졸병이었으나 힘과 무예 솜씨를 보고 태조가 뽑아서 장수로 키웠다.

소대장 한번 해볼래?

조온, 태조 누이의 자식. 어려서 고아가 되었는데 태조가 거두어 키웠다.

이 사람의 이름은 민제.

고려 말 권문세족 출신으로는 드물게 주자학을 깊이 공부했으며,

정안군 이방원의 장인이다.

호홋 볼수록 잘난 우리 사위.

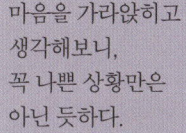

고약한 노릇이다. 아버님과 싸워야 할 형편이니…

어쨌든 나는 약하고 상대는 세다. 경거망동했다간 목숨이 위태로워진다.

기다리자! 언젠가 때가 오겠지.

그런 이방원에게 천군만마가 되어줄 사내가 찾아온다.

이리오너라!

혼일강리역대국도지도
조선 초기의 세계지도. 당시 중화적 세계관을 반영해 중국과 조선을 과장되게 그렸다.
이러한 지도 제작은 조선왕조의 국가적 권위와 왕권을 확립하는 데 도움이 되었다.

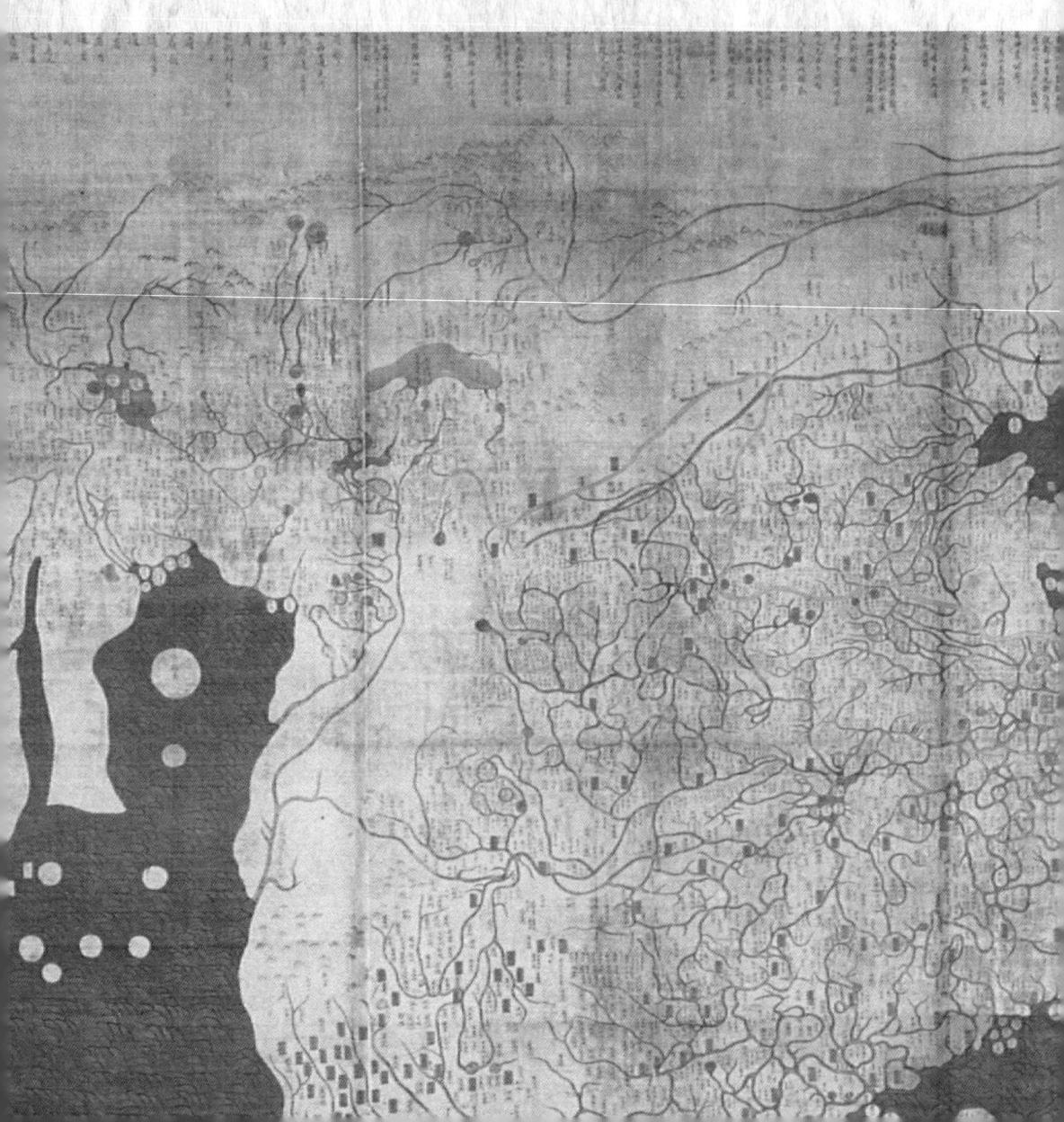

제3장

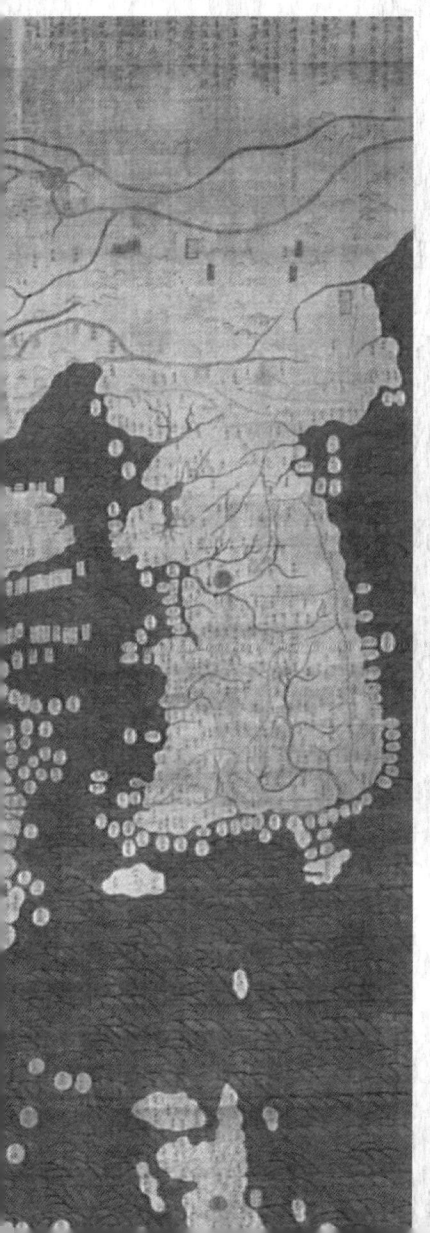

제3의 변수,
홍무제

명나라의 압박

황후가 낳은 황자는 모두 다섯이었다. 능력이 출중하고 개국에 공도 큰 이는 넷째인 주체였지만,

장자 상속의 명분을 좇아 첫째인 주표를 황태자로 삼았다.

모질지 못한 황태자를 걱정한 홍무제는

10년 전에 끝난 사건을 다시 끄집어내더니,

그 사건에 관련이 있다는 죄목을 붙여 최고 공신인 이선장을 비롯하여 1만여 명이 넘는 공신들을 죽여버렸다.

그런데 이게 웬일! 작심하고 벌인 대숙청이 끝나자 정작 황태자가 죽고 말았으니……

뒤이어 괴상한 사건이 터졌다.
명나라 측의 주장에 의하면,
왜구로 가장한 조선인들 1,000여 명이

17척의 배에 나누어 타고 명나라 섬에 들어가 해적 행위를 하고 군사시설을 불태우는 등 난동을 피우다

진압되었다는 것이다.

붙잡은 자들을 심문하자 조선 왕이 지시한 일이라고 자백했다.

이 사건을 비롯한 여러 가지 현안에 대해 너희의 대답을 들어야겠으니, 첫째나 둘째 왕자가 직접 와서 해명하라!

이런 말도 안 되는 일이…

그러나 거부할 수 없는 상황. 왕자를 보내긴 해야겠는데 술 좋아하던 첫째 방우는

술술

개국 이듬해 결국 술을 마시다 죽고 말았다.

냉혹한 권력의 생리가 싫어 술에 탐닉했으리라는 해석이 많다.

험한 세상 벗어났으니 이제 술도 끊어야지

표전문 정국

태조의 완강한 거부로 압송 대열에서 빠졌지만 정도전은 찜찜했다.

권근이 자청하여 간다고 나선 것도 마뜩지 않았는데

인솔자는 공공연히 자신을 보내는 게 옳다고 주장한 하륜이다.
둘 다 정안군의 사람들 아닌가?

이즈음 정도전에게 걱정되는 일이 또 하나 있었으니 현비의 병세 악화였다.

큰일이야.

세자가 아직 어린데……

정도전보다 열 배 더 근심이 큰 이는 물론 태조였다.

중 50여 명을 내전으로 불러 불공을 드리게 하고

사랑하는 아내를 잃은 예순두 살의 태조, 흰 삿갓에 흰 도포를 걸치고

직접 묻을 자리를 찾아 안암동으로, 행주로 돌아다녔다.

결국 결정한 곳이 취현방, 지금의 정동 영국대사관 자리다. 능호는 정릉이라 했다.

"광화문에서 볼 수 있으니 참 좋구려, 중전."

존호를 신덕왕후라 정하고 명복을 빌기 위해 능 옆에 흥천사를 크게 지어 자주 찾았다.

그러나 태조는 노국공주를 잃은 공민왕과는 달랐다.

"사랑은 사랑! 일은 일!"

억류 7개월여 만에 권근이 홀로 귀국했다.

"고생 많았소."

다시 요동으로

이러한 당시의 정서를 고려한다 해도 명의 압박에 강경 대응으로 맞선다는 건 생각하기 어려운 일이었을 것이다.

그런데 홍무제와 대척점에 있는 정도전이 초강수를 제안했다.

우리가 약하게 나가면 황제의 요구는 그칠 날이 없을 것입니다. 우리의 힘을 보여주는 것이 문제를 푸는 길입니다. 신 정도전 요동을 칠 것을 청하나이다.

지난 역사를 보시옵소서. 일개 오랑캐에 불과하다는 거란, 여진, 몽고가 차례로 중원을 공략하여 요, 금, 원 시대를 수백 년이나 이었습니다. 그들이 하는 일을 우리라고 못 하란 법이 있사옵니까?

그러하옵니다. 군대는 잘 훈련되어 있고 군량미도 갖추어져 있어 가히 동명왕의 옛 땅을 되찾을 만하옵니다.

건국 이래 갖은 수모를 받아 온 태조의 마음이 움직였다.

해볼 만한가?

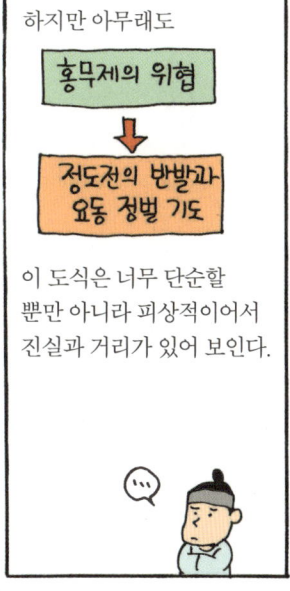

전 세계가 몽고군의 말발굽 아래 힘 한번 제대로 못 써보고 백기를 올릴 때에도

수십 년이나 버티며 싸웠던 깡다구 나라 아닌가?

앞서 조선 땅을 노렸던 수나라, 당나라는 또 얼마나 애를 먹었던가?

이러한 역사적 사실로부터 홍무제가 가졌던 두려움은 그가 조선을 향해 퍼부었던 거친 협박들 속에서 찾아볼 수 있다.

태조와 정도전의 우정

하여 보낸 편지는 이러했다.

> 봉화백!
> 헤어진 지 오래되니 그리운 생각이 더욱 간절하오. 신중추를 보내 노고를 위로하려 하던 차에 최긍이 와서 안부를 듣게 되니 적잖이 위로가 되었소.
> 찬바람이나 막게 옷 한 가지를 보내니 받아주오. 이 참찬과 이 절제사에게도 옷 한 가지씩 보내오.
> 그리워하는 나의 마음을 알려주오. 나머지 이야기는 신 중추에게서 듣도록 하오.
>
> 이른 봄 추위에 몸조심하고 변경의 일을 마무리해야겠소.
> 더 적지 않겠소.
>
> 송헌거사

편지를 받아본 정도전의 감격은 답장에 잘 나타나 있다.

> 한 장의 편지에서 전하의 극진한 가르침을 받았고 옷은 대궐에서 내려섰어도 신의 몸에 꼭 맞았습니다.
> 술도 두 항아리나 내려주시어 감사함과 부끄러움으로 말을 하자니 눈물이 따라 흐릅니다.
>
> 신은 본래 우매하고 배운 게 부족해 움찔만 하면 비방이 사방에서 일어나 목숨을 보존하기도 어려웠는데, 전하의 보살핌 덕에 목숨을 이어가고 있나이다.
>
> 임금이 되시기 전부터 오늘에 이르기까지 마음과 힘을 다해 자그마한 충성이라도 바쳐보려 했건만 재주가 모자라고 배움이 부족해 털끝만 한 도움도 드리지 못해 부끄러울 따름입니다. …… (하략)
>
> 臣 정도전

편지에서 스스로 고백하고 있듯이 정도전은 가는 곳마다 논란을 일으키고 적을 만들었다.

남들보다 열 걸음 앞선 진보성과 거침없는 일 처리가 낳은 결과물이다.

태조의 보호가 없었다면 진즉에 정을 맞았을 '모난 돌'이었던 것.

왜 그리 이 사람을 믿고 아끼느냐? 뜻을 함께해온 동지이자 누구보다 충직한 신하이니까!

또 한 가지, 그는 사심이 없거든.

실제로 정도전은 그렇게 비방을 많이 받았으면서도 부정축재 따위로 지탄을 받은 적은 없었다.

2인자에게 가장 필요한 것은?

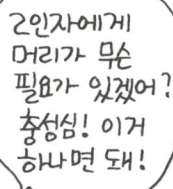

광화문
경복궁의 정문. 광화문 앞 거리가 1차 왕자의 난의 주요 무대가 되었다.

제4장

왕자의 난

위기는 기회

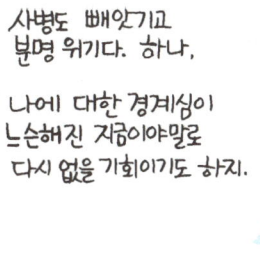

기록과 진실

*피병(避病): 병의 치료나 전염을 막기 위해 거처를 옮김.

가다 말고 방번에게도 알렸다.
"방번아, 나를 따르지 않겠느냐?"

동생에게 세자 자리를 빼앗겼다는 생각에 나름대로 불만이 많았던 방번.

제안을 받아들이지도, 그렇다고 쿠데타를 안에 알리지도 않았다.

방원의 집 앞에는 이날의 주역들이 이미 모여 있었다.
이숙번 이거이 부자 조영무 민무구, 민무질 형제

《실록》에 기록된 총 병력 규모는 40여 명, 시간이 지나며 합세한 인원을 합해도 100여 명에 지나지 않았다.

사병 해체의 와중에 방원의 부인 민씨가 몰래 숨겨두었던 무기로 무장시켰는데,

그나마 충분치 않아 창을 꺾어 둘로 나누어 가졌고, 10여 명은 그것조차 없어 막대기를 쥐었다 한다.

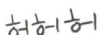

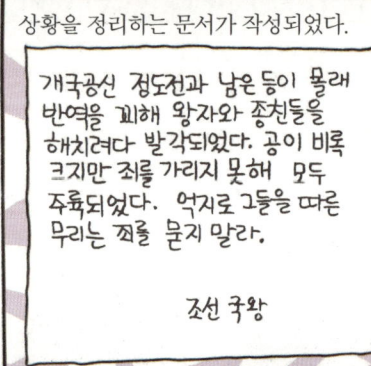

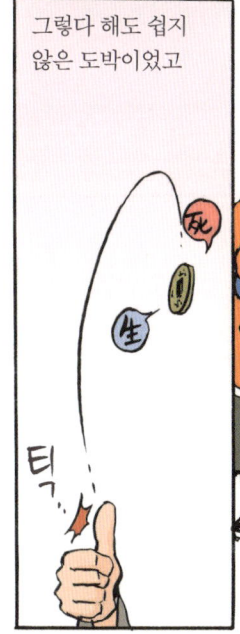

길고 긴 하룻밤

* 전횡(專橫): 권력을 틀어쥐고 제 마음대로 함.

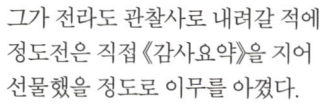

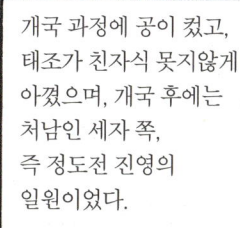

하룻밤 사이 태조는 너무도 많은 것을 잃었다. 아끼고 사랑했던 사람들, 평생에 걸쳐 이루어놓은 지위와 명예, 그리고 자부심까지.

근정전
경복궁의 정전으로 역대 국왕의 즉위식이나 대례 등을 거행하던 곳이다.
이방원은 1, 2차 왕자의 난을 거치며 드디어 이곳에서 즉위한다.

제5장

임시 군주
정종

무욕의 처세

실권자 이방원

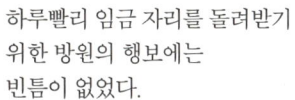
하루빨리 임금 자리를 돌려받기 위한 방원의 행보에는 빈틈이 없었다.

스스로 재상이 되어 나라의 주요 결정에 관여하고

중요한 자리에는 측근들을 포진시켰다.

심복인 이숙번을 왕의 비서관인 우부승지에 앉힌 것도 의도가 엿보이는 행동이다.

다시 문란해진 사병도 정리했는데,

방원, 방의, 방간, 이거이, 이저, 조영무, 조온, 이천우를 제외한 종친과 공신들은 사병을 거느릴 수 없도록 해라.

형제를 제외한 나머지는 이방원 측근들이다.

이리하여 방원은 이제 마지막 관문만을 남겨놓고 있었는데…….

2차 왕자의 난

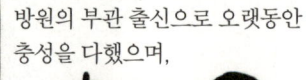

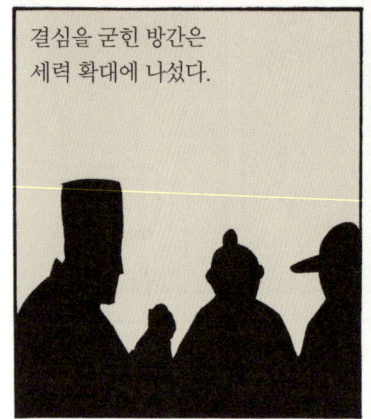

화살 몇 개가 오가더니

방간의 군대는 이내 무너지고 말았다.

홀로 도망갔던 방간이

붙잡혀왔다.

네 죄는 용서될 수가 없다. 하나 형제의 정으로 차마 죽이지는 못하겠고 지방에 가서 살도록 해라

성은이 망극하옵니다.

방간이 목숨을 건질 수 있었던 것은 정종과 방원, 그리고 태조까지 한마음으로 살리고자 했기 때문이다.

우리 형님은 본래 순박한 사람,

맞다. 누군가의 꼬임에 의한 것일 거야.

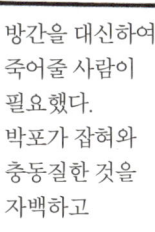

방간을 대신하여 죽어줄 사람이 필요했다. 박포가 잡혀와 충동질한 것을 자백하고

방원, 드디어 왕이 되다

*불측(不測): 헤아릴 수 없음. 몹시 괘씸한 말이나 행동.

불가능해 보이는 조건에서
최강의 적수들과 싸워가며
지존의 자리에 올라선
정치투쟁의 달인,
태종 이방원!

군주로서는 과연
어떤 모습을 보여줄까?

작가 후기

또 한 권을 내놓는다. 조선 건국 직후에서 두 차례에 걸친 왕자의 난까지의 이야기다. 마치고 난 지금까지도 궁금한 것은 역시 어처구니없는 세자 책봉이다.

왕조시대는 왕조시대 나름의 불문율이 있다. 적장자로 후계를 삼는 것도 그러한 불문율 가운데 하나다. 예외가 있다면 뚜렷한 공이 있는 자식이 있어 장자를 대신하는 경우이다. 그런데 장자도, 공이 큰 이도 아니라 어린 막내인 방석을 세자에 앉혔으니, 집권당에서 대통령 후보를 뽑는데 대중의 지지를 받는 후보군을 제외하고 이름도 없는 제3의 인물을 일방적으로 결정해버린 격이라고나 할까? 도무지 이해가 안 되는 결정이다. 결국 이로 인해 새 왕조 창업의 두 주역인 태조와 정도전은 쓰라린 패배를 맛보게 된다. 어느 시대든 과욕은 금물, 순리를 따를 일이다.

　　두 차례의 왕자의 난을 거쳐 기어이 왕이 되기까지의 과정을 보면 이방원이란 인물의 정치적 역량은 실로 놀랍기 그지없다. 정세를 읽는 눈, 어떤 사건이 몰고 올 파장에 대한 안목, 고비고비마다에서 보여준 적절한 처신, 결단력 등등에서 단연 발군이다.
　　오랫동안 우리 정치사의 주연으로 활약한 김대중, 김영삼, 김종필을 세상은 정치 9단이라 불렀다. 김대중의 두뇌와 지식, 김영삼의 감각과 결단력, 김종필의 수완까지 두루 갖춘 인물이 태종 이방원이 아닌가 싶다. 태조와 정도전이 패배한 일차적 원인은 그런 이방원을 바로 보지 못한 데 있다 하겠다. 정치투쟁의 달인, 정치 10단. 그런 인물이 마침내 권좌에 올라 펴나가는 정치는 어떨지 궁금하다.

《태조·정종실록》 연표

1392 태조 1년

7.18 종친과 대신에게 각 도의 군사를 나누어 거느리게 하다.

7.20 왕씨들을 강화와 거제에 나누어 두게 하다.

7.28 나라 이름은 그대로 고려로 하고 의장과 법제도 그대로 한다고 발표하다. 우현보, 이색 등 56명에 대해 곤장형, 유배형 등을 내리다.

8.7 공양왕을 공양군으로, 왕대비 안씨를 의화궁주에 봉하다. 부인 강씨를 현비로 삼고, 아들들은 군에 봉하다.

8.20 막내아들인 이방석을 왕세자로 삼고, 개국공신들을 발표하다.

8.23 이숭인, 이종학 등을 처벌하라는 명을 받고 떠났던 손흥종, 황거정 등이 돌아오다. 정도전의 지시에 따라 이숭인, 이종학 등 8명이 죽임을 당하다.

9.28 개국공신들과 왕세자, 왕자들이 왕륜동에 모여 맹세식을 갖다.

10.9 자초(무학대사)를 왕사로 삼다.

10.12 우현보, 이색 등 30인을 지방의 편한 곳에 거처하도록 하다.

1393 태조 2년

1.21 이색이 태조를 만나 용서해준 데 대해 사례하다.

2.8 이지란, 남은 등을 데리고 계룡산을 둘러보다.

2.13 김주, 박영충 등에게 새 도읍의 건설을 감독하게 하고 계룡산을 떠나다.

2.15 명나라의 승인을 얻어 국호를 조선으로 정하다.

4.4 공양왕의 동생 왕우와 격구를 하며 "경을 해치는 일이 없을 것이다. 형 공양왕은 욕심이 한이 없어 오늘날 이렇게 되었다."라고 말하다.

5.26 "영토 안에 있는 사람은 다 나의 적자"라며 왕씨들이 다시 육지에 나와 살 수 있게 하라고 명하다.

6.19 내시 이만의 목을 베고 현빈 유씨를 내쫓다.

7.26 정도전이 〈몽금척〉, 〈수보록〉, 〈납씨곡〉 등의 악장을 지어 바치다.

11.12 정도전이 격구장에 군사를 모아 진도를 설치하고 북, 뿔피리, 깃발에 따라 부대를 정돈하고 움직이는 것을 익히게 하다.

12.11 하륜의 주장을 받아들여 계룡산에 건설하던 도읍을 중단하다.

12.13 태조의 맏아들인 진안군 이방우가 죽다.

1394 태조 3년

1.16 김가행과 박중질이 박위의 요청에 따라 맹인 이흥무에게 나라의 안위와 왕씨의 운명을 점친 사실이 드러나자 이흥무와 박위를 가두고 김가행과 박중질의 체포를 지시하다.

1.17 왕화와 왕거를 가두다.

1.21 박위 같은 인재는 쉽게 얻을 수 없다며 용서하고 복직시키다.

2.6 왕화 등과 박중질 등을 수원부에 모아놓고 국문하다. 대간과 형조가 연일 왕씨 일족을 다시 섬으로 옮길 것과 박위의 처벌을 요구하다.

2.26 대간과 형조가 공양군을 죽일 것을 요구하다. 태조가 왕강과 왕격, 왕승보, 왕승귀를 불러 술 한잔 주며 귀양지로 가라고 하다.

3.3 좌시중 조준을 5도 도총제사에, 삼사 판사 정도전을 3도 도총제사에 임명하다.

3.11 정도전에게 5군 진도를 연습시키라고 지시하다.

3.13 왕화, 왕거, 김가행, 박중질, 이흥무 등이 참수되었으나 왕우와 박위는 특별히 용서받다.

4.1 대간과 형조가 왕씨 제거를 청하는 글을 올리다. 이후 연일 대궐 문 앞에 엎드려 왕씨를 제거하라고 요청하다.

4.14 각급 부서와 한량, 원로들을 모아 왕씨 처리에 대한 의견을 봉해 바치도록 하다. 결국 다수 의견을 좇아 왕우 3부자는 선조의 제사를 받들어야 하므로 용서하고, 공양왕과 왕씨들을 제거하기로 결정하다.

4.15 윤방경 등이 왕씨들을 강화나루에 던지다.

4.17 정남진 등이 삼척에 이르러 공양왕을 목 졸라 죽이다.

4.20 손흥종 등이 왕씨들을 거제 바다에 던지다. 그리고 중앙과 지방에 지시해 남은 왕씨들을 색출하여 목을 베도록 하다.

5.30 정도전이 《조선경국전》을 지어 바치다.

8.8 새 도읍지를 물색하기 위해 무악으로 떠나다.

8.12 정도전 등에게 무악에 대한 의견을 구했으나 하륜 홀로 합당하다고 주장하고 나머지는 부정적인 의견을 제출하다.

8.13 한양의 옛 궁궐터(지금의 경복궁이 있는 자리)를 살피다가 도읍지로 결정하다.

9.1 신도궁궐조성도감을 설치하다.

10.16 심효생의 딸을 세자빈으로 삼다.

10.25 한양으로 천도하여 한양부 옛 객사를 임시 궁궐로 사용하다.

11. 3 종묘와 궁궐, 성곽 공사를 시작하다.
11. 4 조준, 정도전 등이 병권과 정권을 다 갖고 있어서 문제라고 말한 변중량을 귀양 보내다.

1395 태조 4년
1.25 정도전, 정총 등이 《고려사》를 지어 바치다.
1.29 사직단을 건설하다.
6. 9 당 태종의 고사를 들어 즉위 이래의 사초를 보려 했으나 대신과 대간이 반대하자 포기하다.
9.29 새 궁궐이 준공되다.
윤 9.13 도성축조도감을 설치하고 정도전에게 성터를 정하도록 지시하다.
윤 9.28 종묘를 옮기다.
10. 7 정도전이 명에 따라 새 궁궐의 여러 전각의 이름을 지어 바치다.
10.30 훈신들에게 주연을 베푸는 자리에서 정도전이 "전하께선 말에서 떨어졌을 때를, 신 역시 목에 칼을 찼을 때를 잊지 말아야 자손만대를 기약할 수 있다."고 말하다.
11.24 이색이 찾아오자 술자리를 갖고 중문까지 전송하다.
12.23 이색을 한산백에 봉하다.
12.28 새 궁전에 들어가다.

1396 태조 5년
3.29 홍무제가 표전문이 무례하여 인신과 고명을 줄 수 없다며 정총 등 사신을 억류하다.
6. 1 억류된 사신들을 군에 봉하다.
7.19 표문, 전문을 지은 권근과 정탁이 정도전을 대신해 명나라로 가다.
7.27 정도전을 봉화백에 봉하다.
8.13 현비가 죽다.

9.28 봉상시에서 현비의 존호를 신덕왕후로, 능호는 정릉으로 하자는 의견을 올리다.
(이해에는 도성 공사에 박차를 가했으며, 태조가 직접 현장을 찾으며 독려했다.)

1397 태조 6년
1. 3 신덕왕후(현비)를 장사 지내다.
2.19 신덕왕후를 위해 흥천사를 짓다.
2.24 왕우가 죽다.
4.20 권근이 정도전 대신 명나라에 가서 환대를 받고 돌아오다.
정도전은 사헌부를 시켜 다른 사신들은 억류되어 있는데 혼자 돌아온 게 수상하다며 탄핵했으나 태조는 듣지 않았다.
6.14 정도전이 일찍이 〈오진도〉와 〈수수도〉를 지어 바치자 태조가 좋아하며 훈도관을 두어 가르치게 하다.
정도전, 남은 등이 요동정벌 계획을 세웠으나 조준이 반대하다.
8. 9 훈도관을 각 도와 진에 나누어 보내 진법을 익히게 하다.

1398 태조 7년
2. 4 태조가 송헌거사라는 이름으로 정노선에게 편지를 보내다.
3.20 정도전과 이지란을 위한 술자리에서 남은이 사병 혁파를 주장하다.
(5월부터 8월까지 진법훈련에 박차를 가함.)
8. 9 진법훈련을 게을리한 죄를 물어 공신들과 왕자들의 휘하 사람을 불러 곤장을 치다.
8.26 제1차 왕자의 난이 일어나다.
정도전 세력이 제거되고 이방원이 실권을 장악하다. 영안군을 왕세자로 삼다.
9. 5 왕세자에게 왕위를 물려주다.

1398 정종 즉위년
9.12 불평을 토로한 박포를 귀양 보내다.
9.17 정사공신을 선정하다.
10. 9 임금이 정사공신 29인을 거느리고 맹약을 하다.
11.11 어머니 한씨를 신의왕후로 추존하다.
12.15 정종이 이방원 등 형제를 개국공신으로 추가하다.

1399 정종 1년
2.26 종친과 공신들을 모아 개경으로 환도할 것을 결정하다.
3. 7 개경 유후사로 환도하다.
공과 후는 모두 따라가고 각 부서에서는 절반씩 따라가다. 이 일로 태상왕이 불쾌감을 나타내다.
3.13 임금이 대사헌 조박에게 격구를 하는 까닭을 말하다.
9.10 태상왕이 경순공주를 여승이 되게 하다.
10. 8 태상왕의 호위(사실상의 감시자)를 없애다.
11. 1 종친과 훈신에게 각 도의 군사를 나누어 맡도록 하다.(이방원, 이방의, 이방간, 이저)

1400 정종 2년
1.29 회안군 이방간이 제2차 왕자의 난을 일으켰으나 이방원에게 패하다.
2. 4 정안군 이방원을 왕세자로 삼고 군사지휘권을 맡기다.
2.13 이방간을 안산에 안치하다.
2.25 대간의 거듭된 청을 따라 박포를 주살하다.
3.19 잔치에서 임금이 일어나 춤추자 왕세자가 취해 허리를 붙잡다. 임금이 "이것이

너의 진정이구나." 라고 말하다.
4. 6 권근 등의 상소에 따라 임금이
왕세자와 의논을 거쳐 사병을 혁파하다.
4.18 사병 혁파에 반발한 조영무, 조온,
이천우를 벌주라는 대간의 주장이 계속되다.
조영무는 귀양을 명했다가 바로
취소한 후 평양부 윤으로 좌천시키고,
조온과 이천우는 파직하다.
5. 8 이거이와 이저 부자를 좌천시켜
각각 계림부 영윤, 완산부 영윤으로 삼다.
7. 2 태상왕의 요청에 따라 조영무와
조온을 귀양 보내기로 했으나 대간과
대신들이 반대하다.
길재를 불러 벼슬을 주려 했으나
사양하고 돌아가다.
11.11 임금이 왕세자에게 선위하다.

조선과 세계

조선사

- **1392** 조선왕조 건립
- **1393** 국호를 조선으로 정함
- **1394** 한양을 도읍지로 정함
- **1395** 사직단 건설
- **1396** 신덕왕후 사망
- **1397** 요동 정벌 계획 추진
- **1398** 1차 왕자의 난
- **1399** 개경으로 다시 천도
- **1400** 2차 왕자의 난

세계사

- 티무르, 이란 재원정
- 명, 전국의 토지 측량
- 몽골, 엘베크 칸 즉위
- 티무르, 서아시아 통일
- 오스만튀르크, 니코폴리스 전투에서 헝가리에 승리
- 스웨덴, 에리크 13세 즉위
- 명, 홍무제 사망, 건문제 즉위
- 영국, 헨리 4세 즉위 랭커스터 왕조 시작
- 티무르, 이집트 공격

The Veritable Records of the Joseon Dynasty

In the Joseon Dynasty, there were always officials who followed and monitored the king. They slept in the room adjacent to where the king slept, and they attended every meeting the king held. The king could not go hunting or meet a person secretly without these officials being present.

These officials were called 'Sagwan,' and they observed and recorded all details of daily events involving the king in turns, things that the king said, and things that happened to him. The drafts created by them were called 'Sacho.' Even the king himself was not allowed to read those drafts, and the compilation process only began after the king's death.

When the king passed away, the highest ranking governmental official would be appointed as the chief historical compiler. A research team would collect all the drafts and relevant supporting materials, select important records with historical significance, and organize them in a chronological order. The finished product was usually called 'Sillok,' which means veritable records.

The Veritable Records of the Joseon Dynasty features a most magnificent scale, as it is a record of all the events that occurred over 472 years, from the reign of King Taejo to the reign of the 25th King Cheoljong (1392~1863). It consists of 1,893 volumes and 888 books (total of 64 million Chinese characters). It was registered as a World Cultural Heritage in Records, by UNESCO in 1997.

Source: A Korean History for International Readers, Humanist, 2010.

Summary
The Veritable Records of King Taejo and Jeongjong

The Reformation of Jeong Dojeon and the Rebellion of the Prince

The new king of Joseon, Yi Seonggye (Taejo), swiftly began the process of transitioning power, all the while keeping an eye on public dissent, which could have been triggered by the dynastic change. Granting royal family members and vassals of merit full command of local military forces, Yi expelled the Goryeo royal family members, and made sure to eliminate any political movement to restore the Goryeo dynasty. Yi Seonggye named the new dynasty Joseon, and moved its capital from Gaeseong to Hanyang.

At the forefront of the dynastic undertaking was Jeong Dojeon, the architect of the Joseon dynasty, who sought to establish a peoplecentered, ideal Confucian state. The new dynasty formed its founding principles to realize Jeong's policies.

The two men's friendship and pride was exceptional. As the two men's ideals became the political reality, their confidence grew dangerously, eventually poisoning Yi's reign. When Joseon seemed to have safely steered through the critical moments of uprisings and threats, it suffered a coup from within the inner circle.

The leader of the coup was Bangwon, the fifth son of Yi Seonggye. Although his role was crucial to Yi's taking over the throne, he was not named a "Meritorious Vassal of the Founding of the Dynasty," and he further lost the title of Crown Prince to his stepbrother. Bangwon was kept under careful watch by Jeong's faction all throughout Yi Seonggye's reign, but when Jeong's faction threatened to disband his private army, Yi Bangwon finally took action: he rallied the disaffected members of Jeong Dojeon's faction, purged Yi Seonggye's close associates, and took over the helm of the state. Successfully leading the Rebellion of the Prince, Yi Bangwon overpowered his father and seated his second brother Banggwa (King Jeongjong) on the throne, as an act of casus belli. Not long after, Bangwon himself ascended to the throne.

세계기록유산, 《조선왕조실록》

《조선왕조실록》이란?

　　《조선왕조실록》은 국보 제151호이자 유네스코 세계기록유산(1997년 지정)으로 조선 건국에서부터 철종까지 472년간을 편년체로 서술한 역사 기록물이다. 총 1,893권, 888책이며, 한글로 번역할 경우 300여 쪽의 단행본 400권을 훌쩍 넘는 분량이다. 철종 이후의 기록인 《고종실록》과 《순종실록》도 있으나 이것은 일본의 지배하에 편찬된 터라 통상 《조선왕조실록》으로 분류하지 않는다. 《단종실록》, 《연산군일기》, 《선조실록》, 《철종실록》처럼 기록이 부실한 경우도 있는데 정변이나 전쟁, 세도정치라는 시대 상황이 낳은 결과이다. 또한 《선조수정실록》, 《현종개수실록》, 《숙종실록보궐정오》, 《경종수정실록》처럼 뒷날에 집권한 당파의 요구에 의해 새로 편찬된 경우도 있다. 하지만 원본인 《선조실록》, 《현종실록》, 《숙종실록》, 《경종실록》을 폐기하지 않고 함께 보존함으로써 당대를 더욱 정확히 알게 해준다. 이렇듯 《조선왕조실록》은 그 기록의 풍부함과 엄정함에 더해 놀라운 기록 보존 정신까지 보여주는 우리 선조들의 위대한 유산이다.

《조선왕조실록》은 어떻게 기록되었나?

　　조선은 왕이 사관이 없는 자리에서 관리를 만나는 것을 엄격히 금지했다. 또한 왕은 원칙적으로 사관의 기록(사초)을 볼 수 없었다. 신하들도 마찬가지여서 실록청 담당관을 제외하고는 누구도 볼 수 없었다. 그래서 사관들은 왕이나 권력자의 눈치를 보지 않고 보고 들은 일들을 있는 그대로 기록할 수 있었다. 왕이 죽으면 실록청이 만들어지고 모든 사관의 사초가 제출된다. 여기에 여타 관청의 기록까지 참조하여 실록이 편찬된다. 해당 실록이 완성되고 나면 사초는 모두 물에 씻겨졌다(세초). 이렇게 만들어진 실록은 여러 곳의 사고에 나누어 보관되는데, 이 또한 후대 왕은 물론 신하들도 열람할 수 없도록 했다. 선대의 왕들에 대한 기록이나 평가로 인해 필화 사건이 생기지 않도록 한 것이다. 이 같은 원칙들이 철저히 지켜졌기에 《조선왕조실록》이 오늘날까지 존재할 수 있었다.

도움을 받은 책들

《국역 조선왕조실록 CD-ROM》, 서울시스템주식회사, 1995.
김문식 · 김정호, 《조선의 왕세자 교육》, 김영사, 2003.
김희영, 《이야기 중국사》 3, 청아출판사, 1986.
박영규, 《조선의 왕실과 외척》, 김영사, 2003.
박영규, 《한 권으로 읽는 조선왕조실록》, 들녘, 1996.
변태섭, 《한국사통론》, 삼영사, 1986.
신명호, 《조선의 왕》, 가람기획, 1998.
윤정란, 《조선의 왕비》, 차림, 1999.
이덕일, 《사화로 보는 조선 역사》, 석필, 1998.
이덕일, 《살아있는 한국사》 2, 휴머니스트, 2003.
이성무, 《조선왕조사》 1, 동방미디어, 1998.
이이화, 《이야기 인물 한국사》 5, 한길사, 1993.
이이화, 《이이화의 한국사 이야기》 9, 한길사, 2000.
이재황, 《재편집 조선왕조실록》 1, 청간미디어, 2001.
임용한, 《조선 국왕 이야기》, 혜안, 1998.
장영훈, 《왕릉풍수와 조선의 역사》, 대원미디어, 2000.
조유식, 《정도전을 위한 변명》, 휴머니스트, 2014(초판 푸른역사, 1997).
최범서, 《야사로 보는 조선의 역사》 1, 가람기획, 2003.
한국고문서학회, 《조선시대 생활사》, 역사비평사, 1996.
한영우, 《왕조의 설계자 정도전》, 지식산업사, 1999.

박시백의 조선왕조실록

팟캐스트로 예습 + 복습! 재미와 감동 두 배!

역사 전문 수다 방송 〈팟캐스트 박시백의 조선왕조실록〉

350만 독자가 환호한 국민 역사교과서 《박시백의 조선왕조실록》을 오디오로 만나보세요. 《조선왕조실록》을 통독한 박시백 화백의 예리한 안목, 조선사 전문가 신병주 교수의 풍부한 역사 상식, 전방위 지식인 남경태 선생의 종횡무진 상상력이 김학원 휴머니스트 대표의 재치 있는 진행과 만나 《조선왕조실록》에 대한 밀도 있는 음성 아카이브를 만들어냅니다.

청취자가 말하는 "나에게 팟캐스트 조선왕조실록이란?"

타임머신조선 활자와 그림으로만 보던 인물들이 팟캐스트 속에서 살아납니다.
여사마 학생들에게 한국사 관련 재미있는 에피소드와 사례 등을 알려줄 수 있어 좋아요.
허기 역사에 대해 편협했던 시각이 좀 더 넓어지고 유연해진 것 같습니다.
쿠쿠쿠다스 팟캐스트 형식의 자유로움을 더한 역사 콘텐츠라 구미가 착착 당깁니다.

박시백의 조선왕조실록

대한민국 최고의 역사 방송 '팟캐스트 박시백의 조선왕조실록'
〈네이버 TV〉와 〈네이버 오디오클립〉, 〈팟빵〉에서 들으실 수 있습니다.

 팟캐스트 박시백의 조선왕조실록 검색

〈팟캐스트 박시백의 조선왕조실록〉을 들으며 함께 읽으면 좋은 책

〈팟캐스트 박시백의 조선왕조실록〉을 더욱 풍성하게 만들어준 여섯 권의 책,
〈외전〉편에서 저자와 함께 나눈 대화는 조선사에 대한 더 깊은 이해를 도와줍니다.

식탁 위의 한국사 메뉴로 본 20세기 한국 음식문화사
주영하 지음 | 572쪽 | 29,000원

우리는 지난 100년간 무엇을 먹어왔을까? 근대인의 밥상에서 현대인의 식탁까지, 일상 속 음식의 역사와 그에 투영된 역사와 문화까지 읽을 수 있다.

고문서, 조선의 역사를 말하다 케케묵은 고문서 한 장으로 추적하는 조선의 일상사
전경목 지음 | 400쪽 | 20,000원

저자는 한 장의 고문서로 거대 역사 속에 가려진 조선의 일상을 한 장면 한 장면 복원한다. 저자의 추리와 독해를 따라가다 보면 평범한 사람들의 소소한 일상과 만나게 된다.

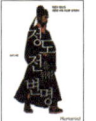

정도전을 위한 변명 혁명가 정도전, 새로운 나라 조선을 설계하다
조유식 지음 | 416쪽 | 19,000원

정도전의 삶과 죽음을 집요하게 파고든 파란만장한 기록이 그의 목소리를 대신해 역사의 진실을 들려준다.

벽광나치오 한 가지 일에 미쳐 최고가 된 사람들
안대회 지음 | 500쪽 | 24,000원

조선을 지배한 성리학 이데올로기에서 벗어나 자신의 영역에서, 자신의 시선으로, 자신의 시대를 풍미한 조선의 문화적 리더들.

자저실기 글쓰기 병에 걸린 어느 선비의 일상
심노숭 지음 | 안대회 김보성 외 옮김 | 764쪽 | 32,000원

조선 후기를 온몸으로 살아간 심노숭의 삶과 격동기의 실상을 상세히 기록한 자서전

민주공화국 대한민국의 탄생 우리 민주주의는 언제, 어떻게 시작되었나?
김육훈 지음 | 284쪽 | 15,000원

역사 속에서 실천하고 싸우며 만든 민주공화국의 살아 있는 의미는 무엇일까?
19세기 말에서 정부 수립까지 우리 역사 속 민주주의의 뿌리를 알려준다.

박시백의 조선왕조실록 2 태조·정종실록

1판 1쇄 발행일 2003년 10월 31일
2판 1쇄 발행일 2015년 6월 22일
3판 1쇄 발행일 2021년 3월 15일
4판 1쇄 발행일 2024년 6월 24일
4판 2쇄 발행일 2025년 7월 14일

지은이 박시백

발행인 김학원
발행처 (주)휴머니스트출판그룹
출판등록 제313-2007-000007호(2007년 1월 5일)
주소 (03991) 서울시 마포구 동교로23길 76(연남동)
전화 02-335-4422 **팩스** 02-334-3427
저자·독자 서비스 humanist@humanistbooks.com
홈페이지 www.humanistbooks.com
유튜브 youtube.com/user/humanistma
인스타그램 @humanist_insta

편집주간 황서현 **편집** 최인영 박나영 강창훈 김선경 이영란 **디자인** 김태형 **사진** 권태균 **영문 초록** 김단비
번역 감수 김동택 David Elkins **조판** 프린웍스 **용지** 화인페이퍼 **인쇄·제본** 정민문화사

ⓒ 박시백, 2024

ISBN 979-11-7087-164-4 07910
ISBN 979-11-7087-162-0 07910(세트)

• 이 책은 저작권법에 따라 보호받는 저작물이므로 무단 전재와 무단 복제를 금합니다.
• 이 책의 전부 또는 일부를 이용하려면 반드시 저자와 (주)휴머니스트출판그룹의 동의를 받아야 합니다.